Impressum

Verlag: BABADADA GmbH, Nedderfeld 112 , 22529 Hamburg

Geschäftsführer / Verlagsleitung: Harald Hof

Druck: Books on Demand GmbH, In de Tarpen 42, 22848 Norderstedt

Imprint

Publisher: BABADADA GmbH, Nedderfeld 112 , 22529 Hamburg, Germany

Managing Director / Publishing direction: Harald Hof

Print: Books on Demand GmbH, In de Tarpen 42, 22848 Norderstedt, Germany

sukuu

قوتابخانە

sukuudanmu
پۆل
kyemu
دابەشکردن
186/2
twerɛ pono
تەختە
sukuu mu
kyerɛkyerɛni
مامۆستا
krataa
کاغەز
twerɛ
نووسین
pɛn
پێنووس
ɛpono a yɛyɛ so adwuma
مێزی نووسین
rula
خەتکێش
nwoma
کتێب
sukuuni
خوێندکار

baage

چەواڵ

twerɛdua konko

جانتای پێنووس

twerɛdua

پێنووس

deɛ yɛde sensen twerɛdua ano

تیژکەرەوەی پێنووس

rɔba

ڕەشکەرەوە

krataa a yɛdwi adeguso

پەڕەی نیگارکێشان

adedwie

نیگارکێشان

penti brɔhye

فڵچەی ڕەنگ

penti adaka

قوتووی ڕەنگ

apasoɔ

مەقەست

aman

چەسپ، کەتیرە

nwoma a yɛyɛ mu adwuma

کتێبی ڕاهێنان

efie adwuma

کاری ماڵەوە

nɔma

ژمارە

kabom

زیدەکردن

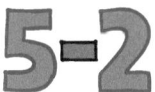

te fri mu

کەمکردن

mmɔho

لێکدان

sese

حسابکردن، ژماردن

lɛtɛ

پیت

ntwerɛɛɛ

ئەلفوبێ

asɛmfua

وشە

ntwerɛdeɛ

نووسراوه، دەق

kenkan

خوێندنەوە

kyɔk

گەچ

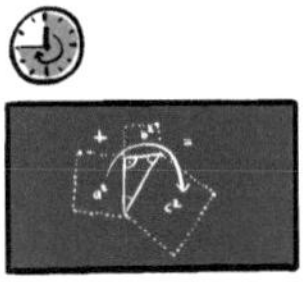

adesua

خول، دەرس

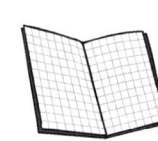

twerɛ wo din

تۆمارکردن

nsɔhwɛ

ئەزموون، تاقیکردنەوە

abodinkrataa

بڕوانامە

sukuu ataadeɛ

جلی قوتابخانە

adesua

پەروەردە

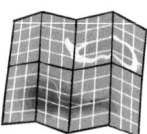

nyansa nwoma

زانیاری نامە

suapɔn

زانکۆ

maakroskop

میکرۆسکۆپ

map

خەریتە، نەخشە

kɛntɛn a yɛde krataa nwura gu mu

سەبەتەی کاغەز

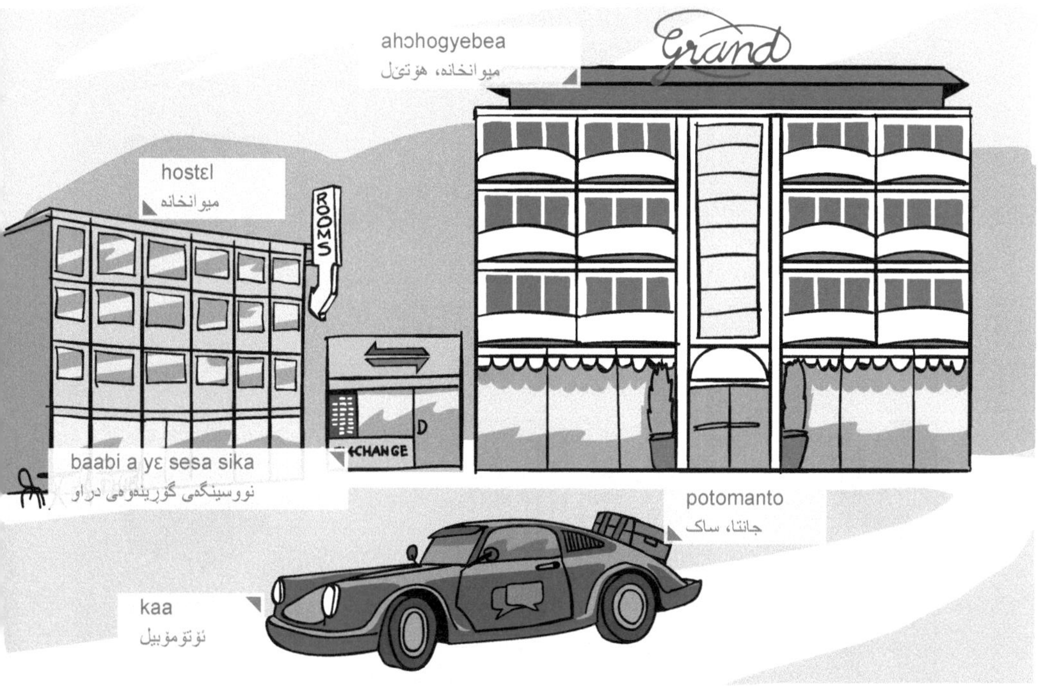

ahɔhogyebea
میوانخانە، هۆتێل
hostɛl
میوانخانە
baabi a yɛ sesa sika
نووسینگەی گۆڕینەوەی دراو
potomanto
جانتا، ساک
kaa
ئۆتۆمۆبیل

kasa

زمان

aane / dabi

بەڵێ / نەخێر

Yoo

باشە

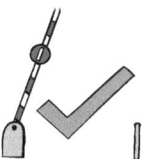

hɛlo

سڵاو

kasa asekyerɛfoɔ

وەرگێڕی دەق

Medaase

سپاس

...bɔɔ yɛ sɛn?

بەچەندە ...؟

Me nte aseɛ

من تێناگەم

ɔhaw

کێشە

Maadwo!

ئێوارە باش!

Maakye!

بەیانی باش!

Dayie!

شەو باش!

baibai o

ماڵئاوا، بەخێرچی

akwankyerɛ

ئاراستە، ڕێڕەو

wo nneɛma

جانتا

bɔtɔ

جانتا

akyirebɔtɔ

کۆڵەپشتی

ɔhɔhoɔ

میوان

danmu

ژوور، دیو

bɔtɔ a yɛda mu

کیسەخەو

ntomadan

چادر، دەوار

nsɛm dema wɔn a wɔkɔ nsrahwɛ

زانیاری بۆ گەشتیار

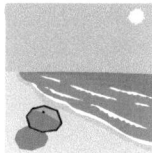

mpoano

کەناراو

kaade a yɛde yi sika

کارتی قەرز

anɔpa aduane

نانی بەیانی

awua aduane

نانی نیوەڕۆ

anwumerɛ aduane

نانی شەو

tiket

بلیت

pegya

ئاسانسۆر

stamp

پوول، تەمر

ɛhyeɛ so

سنوور

kutɔmfoɔ

گومرک

embasi

باڵوێزخانە

visa

ڤیزا

passpɔt

پاسەپۆرت

akɔneabadie

گواستنەوە

ewiemhyɛn
فڕۆکە
suhyɛn
کەشتی
afidie no so engine
مەکینەی ئاگرکوژێنەوە
bɔs
پاس
lɔre
لۆری
maa a moto bɔ ho
sakre
دووچەرخە، پایسکل
kaa
ئۆتۆمۆبیل

hyɛma

کەشتی گواستنەوە

suhyɛn kumaa

بەلەمی ماتۆڕی

motosakre

ماتۆڕ

polisifoɔ kaa

ئوتومبێلی پۆلیس

kaa a ɛkɔ mirika akansie

ئوتومبێلی پێشبڕکێ

kaa a yɛde ma ahan

ئۆتۆمۆبیلی کرێ

wɔre kyɛ kaa

ئۆتۆمۆبیل هاوبەشکردن

lɔre a asɛeɛ

لۆری ڕاکێشکردن

bɔɔla kaa

لۆری زبڵ

moto

ماتۆڕ

pɛtro

سووتەمەنی

baabi a yɛbu pɛtro

وێستگەی بەنزین

trafik ahyɛnsodeɛ

تابلۆی هاتووچۆ

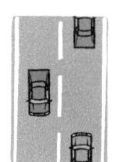

trafik

هاتووچۆ

trafik akye

ترافیک

baabi a yɛde kaa esi

شوێنی ڕاگرتنی ئۆتۆمۆبیل

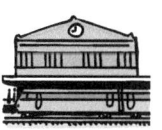

keteke gyinabea

وێستگەی شەمەندەفەر

keteke kwan

هێڵی ئاسن

keteke

شەمەندەفەر

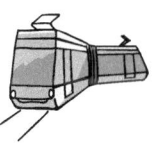

tram

قەتاری سەرشەقام

ponkɔ kaa

داشقە

helikopta

هەلیکۆپتەر

ewiemhyɛnbea

فرۆکەخانە

abansoro

بورج

apasingyani

نەفەر

tontowa

دەفر، کانتینەر

adaka

کارتۆن

kaate

داشقە

kɛntɛn

سەوەتە

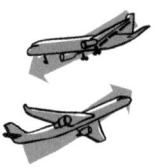

atu / asi fam

هەڵفرین / نیشتن

kuro kɛseɛ

شار

akurase

گوند، دێهات

kuro dwaberɛ mu

ناوەندی شار

efie

ماڵ، خانوو

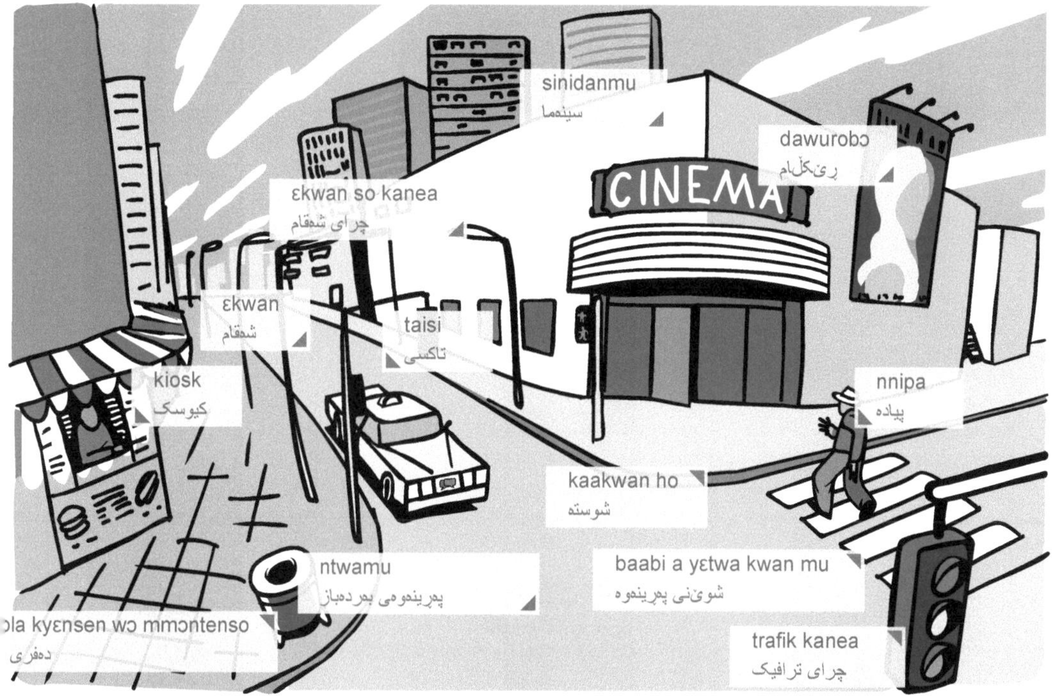

sinidanmu
سینەما
dawurobɔ
ڕیکلام
ɛkwan so kanea
چرای شەقام
ɛkwan
شەقام
taisi
تاکسی
kiosk
کیوسک
nnipa
پیادە
kaakwan ho
شوستە
ntwamu
پەڕینەوەی بەردەباز
baabi a yɛtwa kwan mu
شوێنی پەڕینەوە
ɔla kyɛnsen wɔ mmɔntenso
trafik kanea
چرای ترافیک

apata
خانووچکە

efie
نهۆم، باڵەخانە

keteke gyinabea
وێستگەی شەمەندەفەر

adwaberɛm
کۆشکی شارەوانی

bea a yɛ kora tete nneɛma
مۆزەخانە

sukuu
قوتابخانە

suapɔn

زانکۆ

sikakrobea

بانک

ayaresabea

نەخۆشخانە، خەستەخانە

ahɔhogyebea

میوانخانە، هۆتێل

famasi

دەرمانخانە

asoeɛ

نووسینگە، فەرمانگە

sotɔɔ a wɔtɔn nwoma

کتێبفرۆشی

sotɔɔ

دووکان

baabi yɛtɔn nhwiren

گوڵفرۆشی

sotɔɔpɔn

سوپەرمارکێت

edwam

بازار

sotɔɔ kɛseɛ

فرۆشگا

baabi a yɛtɔn mpataa

ماسیفرۆش

dwadibea kɛseɛ

ناوەندی کڕین

suhyɛn gyinabea

بەندەر

baabi kaa gyina

پارک

bɛnkye

کورسی درێژ

ɛtwene

پرد

atwedeɛ

پێ پیلکان

asaase ase

ژێرزەوی

ɛbɔn

تونێل

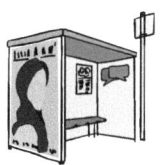

baabi a bɔs gyina

وێستگەی پاس

nsanombea

مەیخانە

adidibea

ڕێستورانت

lɛta adaka

سندووقی پۆست

ɛkwan so akwankyerɛ

تابلۆی شەقام

baabi kaa gyina ho mita

پێوەری پارکینگ

zoo

باخچەی ئاژەڵان

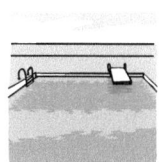

nsuo a yɛ dware mu

حەوزی مەلە

nkramodan

مزگەوت

afuo

مەزرا

deɛ egu mmɔnten so fi

پیسبوونی ژینگە

asieɛ

قەبرستان، گۆڕستان

asɔre

کەنیسە

agodibea

شوێنی یاری

asɔre dan

پەرستگا

mmɔnten so asiesie

دیمەن

ahaban
sanbɔd
تابلۆی ڕێنیشاندەر
kwan
ڕێگا
asaase a ɛsere wɔ so
مێرگ
boba
بەرد
dua
دار
ɔnantefoɔ
شاخەوان
asubɔnten
ڕووبار، چەم
ɛserɛ
گژوگیا
nhwiren
گوڵ

amenamu

دۆڵ، شیو

bepɔ

بەرزایی

tadeɛ

دەریاچە

kwaeɛ

دارستان

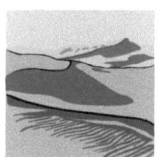

ɛserɛ so

چۆڵەوار

egya a efri botan mu

بورکان

abankɛseɛ

قەڵا

nyankontɔn

کۆلکەزێرینە

emere

کارگ

abɛtene

دارخورما

ntomntom

مێشوولە

tu

مێشوولە

ntɛtea

مێروولە

wowa

مێش هەنگوین

ananse

جاڵجاڵۆکە

amankuo

قالۆنچە

apɔnkyerɛni

بۆق

opuro

سمۆرە

apɛsɛ

ژیشک

adanko

کەروێشکە کێوی

patuo

کوند

anomaa

باڵەندە

nsuo mu dabodabo

قازی سپی

kɔkɔte

بەرازی کێوی

adoa

ئاسک

ɔtweenini

بزنە کێوی

dam

بەنداو

wind turbine afidie

تۆربینی با

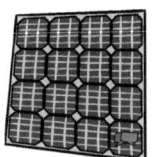

afidie a ɛkye awia

پەڕەی خۆری

wiem nsakraeɛ

ئاووهەوا

ɔsom adidieɛ
خزمەتکار

aduane a ɛwɔ hɔ
لیسته‌، پێرست

akonwa
کورسی

nkwan
سووپ، شۆرباو

pisa
پیتزا

ntere a yɛde didi
چەقۆ و چەتاڵ

ntoma a ɛse pono so
سفره

mprampra anom

خواردنی دەستپێک

aduane no ankasa

خواردنی سەرەکی

mpa anom

دێسێر

nsa

خواردنەوه

aduane

خواردن

toa

بوتڵ

aduane hyewhyew

خواردنی خێرا

abɔnten so aduane

خواردنی سەرشەقام

tii kukuo

قۆری

asikyire konko

قوتووی شەکر

wo kyɛfa

بەش

espresso afidie

ئامێری سازکردنی قاوەی ئێسپرەسۆ

akonwa tenten

کورسی بەرز

wo ka

تێچوو

apanpan

کەشەف

sekan

چەقۆ

adinam

چنگاڵ

atere

کەوچک

atere ketewa

کەوچکی چا

napkin a yɛde pepa ano

دەسماڵ

glase

لیوان، پەرداخ

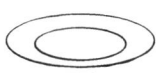

prɛte

قاپ، دەوری، دەفر

kwan kyɛnsee

قاپی شۆرباو

prɛte ketewa

ژێرپیاڵە

abomu

سۆس

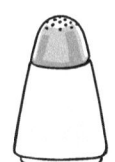

nkyene kukuo

خوێدان

yɛde yam mako

هاڕەری بیبار

fenega

سرکە

anwa

ڕۆن

aduhwam

بەهارات

kɛkyɔp

دۆشاوی تەمات، سۆسی تەماتە

mustad

سۆسی موستارد

mayones

سۆسی مایۆنێز

sotɔɔpɔn

سوپەرمارکێت

ntesoɔ soronko
داشکاندنی تایبەتی
adetɔfoɔ
مشتەری
nanatwie nufusuo
شیرەمەنی
aduaba
میوە
hwiili
داشقە

baabi a yɛtɔn nam

دووکانی قەسابی

baabi a yɛtɔn paano

نانەواخانە

susu

کێشان

atosodeɛ

سەوزی

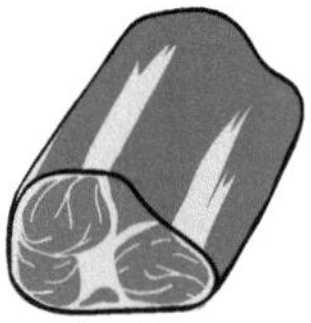

nam

گۆشت

frigyemu aduane

خواردنی بەستوو

nam a adwoɔ

گۆشتی سارد

kyɛnsee mu aduane

خواردنی کۆنسێرو

paoda samena

دەرمانی بشۆر

adedɔkɔdɔkɔ

شیرینی

efie nneɛma

بەرهەمی خۆماڵی

adetɔneɛ a yɛde pepa fin

بەرهەمی خاوێنکردنەوە

nnipa a ɔtɔn adeɛ

فرۆشیار

afidie a egye sika

ژمێرەر

ɔgyegye sika

ژمێریار، خەزەندار

krataa a wodi rekɔ di dwa

لیستی کڕین

berɛ a wɔde bua

کاتی دەوام

sikabɔtɔ

کیسەباخەڵ، جزدان

kaade a yɛde yi sika

کارتی قەرز

baage

توورەکە، کیسە

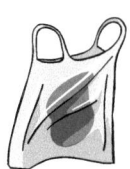

rɔba baage

توورەکە

nsa

خواردنەوە

nsuo

ئاو

aduaba mu nsuo

شەربەت

nufusuo

شیر

kok

خەڵووز

wain nsa

شەراب

biya

بیرە

mmorosa

ئەلکوڵ

kokoo

کاکاو

tii

چایی، چا

kofe

قاوە

espresso

قاوەی ئێسپرەسۆ

kapukyino

کاپۆچینۆ

22 nsa - خواردنەوە

kwadu

مۆز

apol

سێو

ankaa

پرتەقاڵ

melon

کاڵەک

akutoɔ

لیمۆ

karɔt

گێزەر

garlik

سیر

pampro

حەیزەران

gyeene

پیاز

mmere

کارگ

nkateɛ

سەموونە، گوێز، ناوکە

talia

نوودڵ

spageti

ماکارۆنی

ɛmo

برینج

salad

زەلاتە

kyipis

چپس

abrɔdwomaa a y'akye

پەتاتەی برژاو، پەتاتەی سوورۆکراو

pisa

پیتزا

hambɔga

هەمبرگێر

sanwekye

ساندویچ، دۆندرمە

nam a dompe nnim

پارچە گۆشت

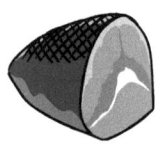

preko nam

گۆشتی بەراز

nam a y'ahata

گۆشتی بەراز

sɔsege

سۆسیس

akokɔ

مریشک

toto

برژاندن، نرژان

apataa

ماسی

oosu koko

شۆرباوی ساوار

muesli

دانەوێڵەی تێکەڵ

konflese

دانەی دانەوێڵە

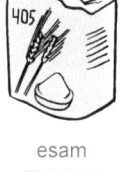

esam

نارد

krossant

کرۆسانت، نانێکی فەرەنسی

paano a y'abobɔ

نانی خڕ

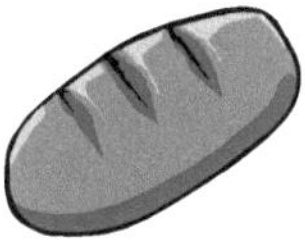

paano

نان

paano a y'atoto

نانی برژاو

biskete

بسکیت

bɔta

کەرە، ڕۆنی کەرە

nufusuo a ada

سەرتوێژ، توێژ

keeke

کەیک

kosua

هێلکە

kosua a y'akyeɛ

هێلکەی برژاو

kyiis

پەنیر

asskrim

بەستەنی، دۆندرمە

asikyire

شەکر

ɛwoɔ

هەنگوین

gyaam

مرەبا

kyokolete

خامەی نۆگات

kɔri

بەهارات

afuo

مەزرا

afuomdan
کۆخ (ماڵ لە مەزرا)
afuomdan
تەویلە
ɛserɛ a y'aboa ano
کڵۆشی کا
asaase
مەزرا
pɔnkɔ
trela
ماڵی سەفەری
pɔnkɔ ba
جوانوو
trakta
تراکتۆر
afunumu
کەر، گوێدرێژ
odwan
مەڕ
oguama
بەرخ

apɔnkye
....
بزن

nantwie
....
مانگا

nantwie ba
....
گوێلک

prɛko
....
بەراز

prɛko ba
....
فەرخە بەراز

nantwinini
....
جوانەگا

afuo - مەزرا 27

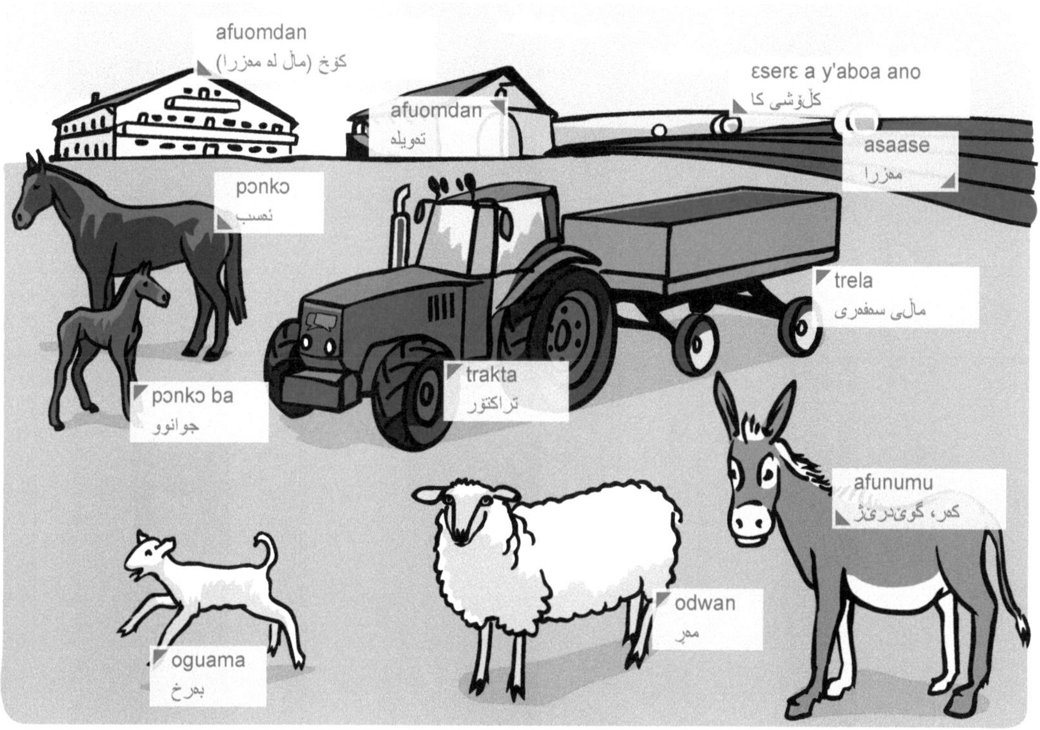

dabodabo nua
قاز

dabodabo
مراوی

akokɔba
جووچک

akokɔbedeɛ
مریشک

akokɔnini
کەڵەشێر

kusie
جرج

ɔkra
پشیلە

akura
مشک

nantwinini
گا

kraman
سە، سەگ

kraman buo
کونە سە

afuom drobɛn
سۆندە

tontora a yɛde gu nsuo
تونگەی ئاودان

sekan a yɛde twa aburo
ماڵەغان

funtum dadeɛ
گاسن

kɔntɔnkrɔ
....
داس

asɔ
....
مەڕە

afuom adinam
....
شەنە

akuma
....
تەور

hweebaro
....
عارەبانەی دەستیی

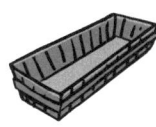

adidika
....
دەفری خواردنی ئاژەڵان

nufusuo konko
....
دەفری شیر

bɔtɔ
....
تەلیس

ɛban
....
پەرژین

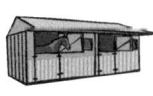

pɔnkɔ dan
....
تەویلە

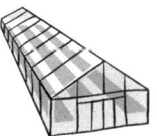

ntomadan a yɛyɛ mu afuo
....
گوڵخانە

anwea
....
خۆڵ

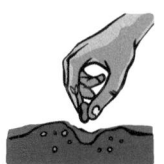

aba
....
دەنک، تۆک

ɔyɛ asaaseyie
....
پەین

otwaberɛ trakta
....
کۆمباین

twa

دروێنەکردن

otwaberɛ

خەرمان

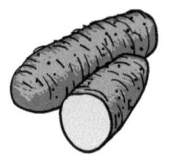

bayerɛ

پەتاتە

ayuo

گەنم

soya

لووبیا، فاسۆلیا

abrɔdwomaa

پەتاتە

aburo

گەنمەشامی

repu aba

جۆرێک دەخڵودان

dua a ɛso aba

داری بەری

bankye

سێوبنەعەرزیلە

aburo asefoɔ

دانەوێڵەی تێکەڵ

efie

ماڵ، خانوو

nwusie kyiniieɛ
دووکەڵکێش
mmɔsoɔ
سەربان
paipo a nsuo fa mu
بۆری ئاو
mpoma
پەنجەرە
garage
گەراژ
ɛpono ho adɔma
زەنگی دەرگا
ɛpono
دەرگا
bɔɔla kyɛnsen
دەفری زبڵ
lɛta adaka
سندووقی نامە
afuoketewa
باخ

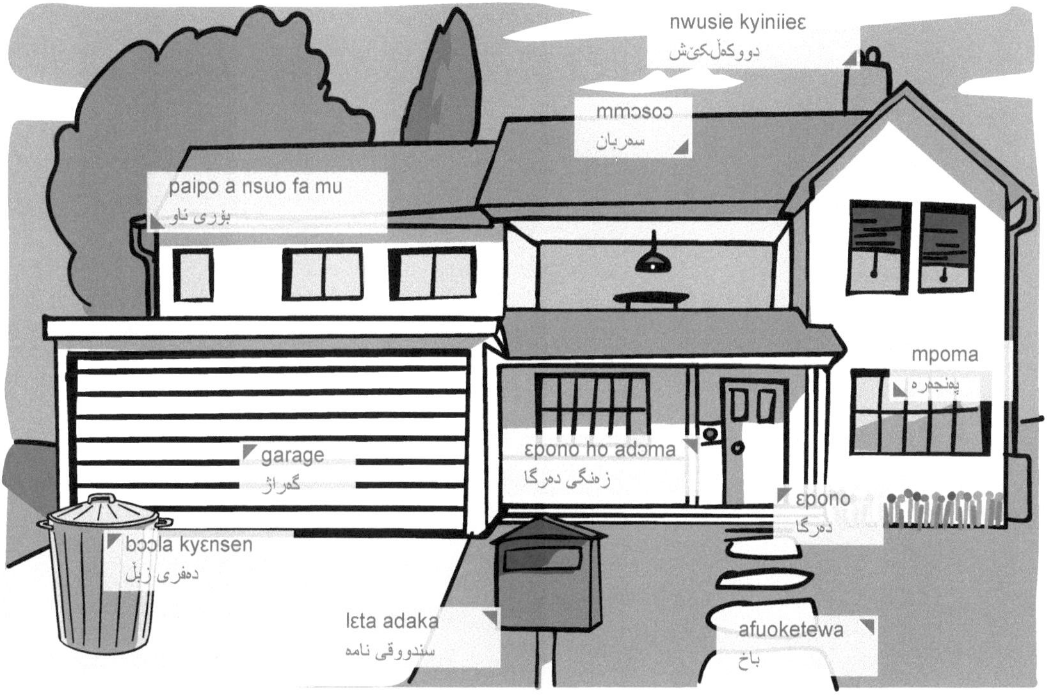

asaso

ژووری دانیشتن

adwareɛ

حەمام، ئاودەستخانە

mukaase

چێشتخانە

pie mu

ژووی خەو

nkwadaa dan mu

ژووری منداڵ

dan a yɛdidi mu

ژووری نانخوارن

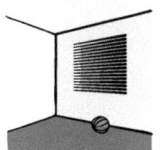

ɛfam

دالان، ئەرز

ɛban

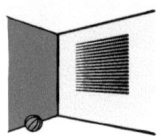

دیوار

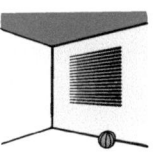

abruuso

بن میچ

danbloo

ژێرزەمین

adwereɛ a ɛbɔ ɔhyew

ساونا

abranaa

باڵکۆن، هەیوان

abranaaso

هەیوان

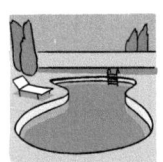

nsuo a yɛdware mu

حەوز، مەلەوانگە

afidie a yɛde dɔ

گژوگیابڕ

nsɛfam

مەلافە

ntoma a ɛse kɛtɛ so

مەلافەی نوێن

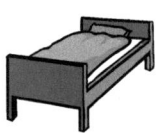

mpa

پێخەف، نوێن

prayɛ

گسک

bokiti

سەتڵ

dane

سویچ، کلیل

asaso

ژووری دانیشتن

krataa a ɛfam dan ho
کاغەزی دیواری
nfonin
وێنە
kanea
لامپ، چرا، گڵۆپ
kɔbɔd
kɔbɔd adaka
کۆمێد
tiivi
تەلەفیزیۆن
egya dabrɛ
ئاگردان
nhwiren
گوڵ
kuhyɛn
باڵەنج، سەرین
akonwa kɛseɛ
سۆفا
kukuo a nhwiren hye mu
گوڵدان
remote
کۆنترۆڵ لە ڕێگەی دوور

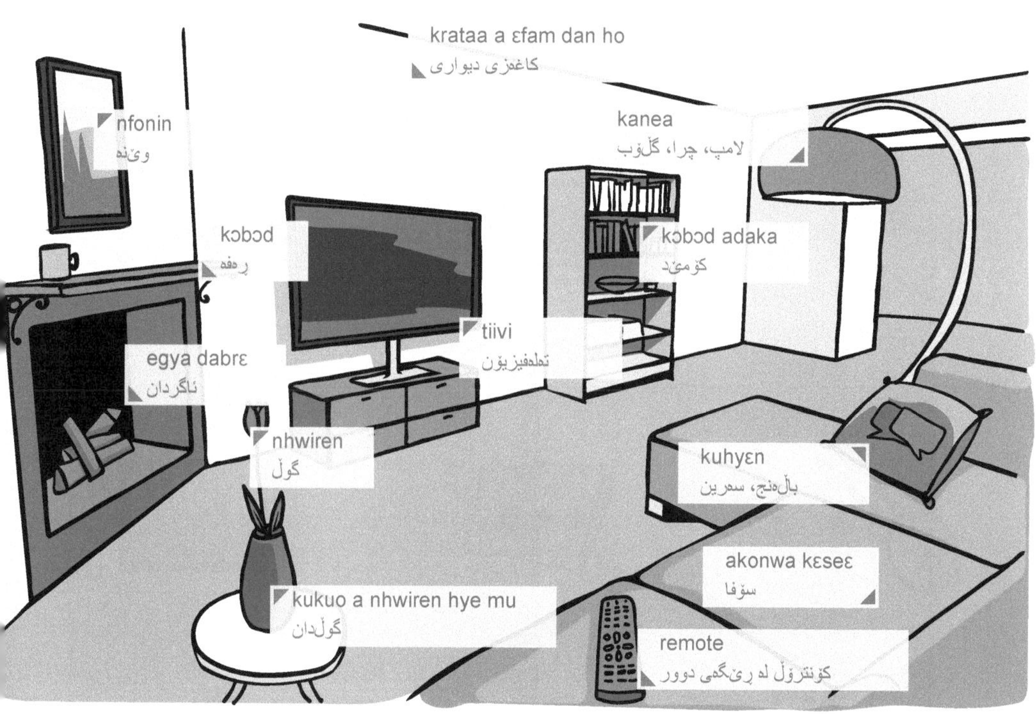

kapɛte

فەرش

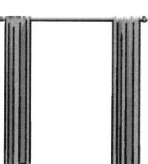

ntwaa dan mu

پەردە

ɛpono

مێز

akonwa

کورسی

akonwa a ehinhim

کورسی ڕاژاندن

akonwa a yɛgyegye dan

کورسی دەسکدار

nwoma

کتێب

kuntu

پەتوو، بەتانی

dan mu nsiesie

ڕازاندنەوە

egya

داری سووتاندن

sini

فیلم

wailɛs

ستێریۆ

safoa

کلیل

koowaa krataa

ڕۆژنامە

nfonin a y'adwi

نیگار، نیگارکێشان

nfam danho

پۆستەر

radio

ڕادیۆ

krataa a yɛ twere mu

تیانووس

afidie a ɛprapra

گسکی کارەبایی

kaktus

کاکتووس

kyɛnere

مۆم

mukaase

چێشتخانە

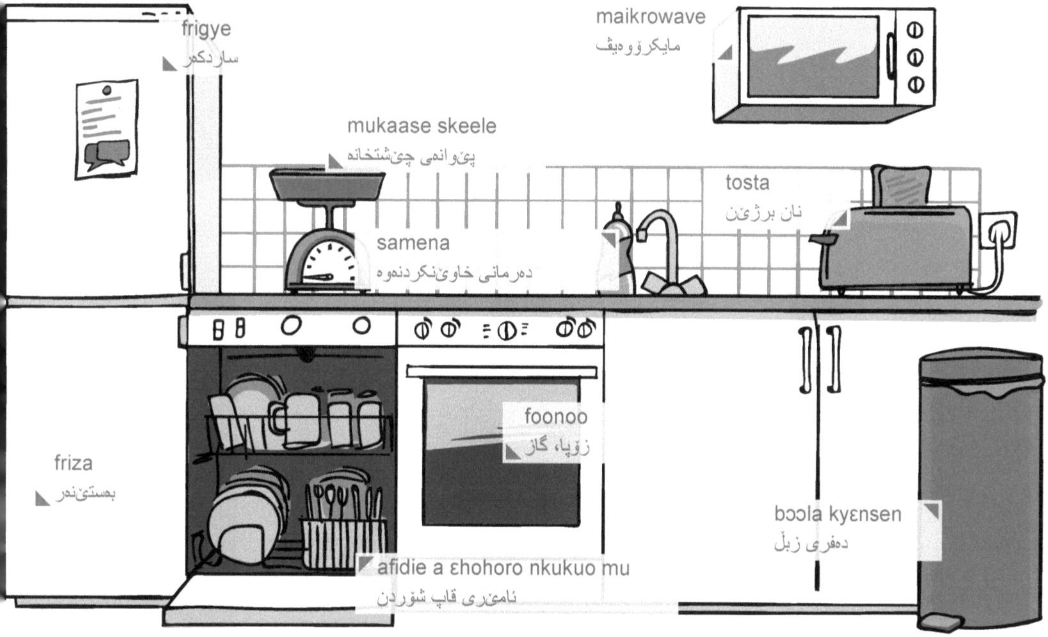
frigye
ساردکەر
maikrowave
مایکرۆوەیڤ
mukaase skeele
پێوانەی چێشتخانە
tosta
نان برژێن
samena
دەرمانی خاوێنکردنەوە
foonoo
زۆپا، گاز
friza
بەستێنەر
bɔɔla kyɛnsen
دەفری زبڵ
afidie a ɛhohoro nkukuo mu
ئامێری قاپ شۆردن

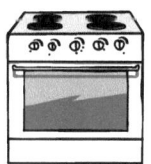

abɛɛfo bukyea
چێشتلێنەر

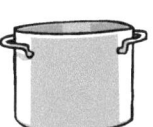

kokuo
مەنجەڵ

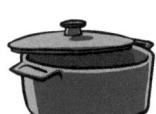

dadesɛn
قاپی ئوتوو

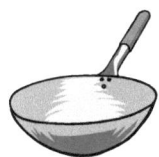

wok / kadai
تاوەی قووڵ

kyɛnsee
تاوە

nsuo hyeɛ afidie
کتری، ئاوگەمکەر

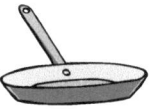

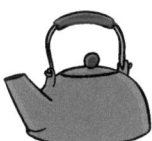

stiima

چێشتلێنەری هەڵمی

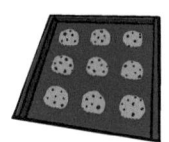

apa a yɛ to so adeɛ

کەشەفی نانکردن

prɛte, kuruwa, ntere ne nea ɛkeka ho

قاپ و قاچاغ

kuruwa a etumi bɔ

کوپ

kyɛnsee

قاپ

nnua a yɛde didi

چیلکەی نانخواردن

kwantre

ئەسکوێ

dua atere

کەوگیر

yɛde nu adeɛ mu

گسک

sɔneɛ

سووزمە

fefe

بێژنگ

greta

ئامێری جنینی پەنیر و سەوزە

waduro

دەستار

kyinkyinga

برژاندن

bukyea

ئاگر

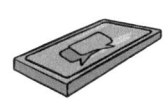

ɛpono a yɛ twitwaso adeɛ

....

تەختەی وردکردن

ɛta

....

تیرۆک

deɛ yɛtu nsa so

....

بورغی فلین

konko

....

قوتوو

deɛ yɛde bue konko so

....

قوتووکەرەوە

yɛde sɔ kukuo mu

....

دەسرەی مەنجەڵ

sink

....

دەسشۆر

brɔhye

....

فڵچە

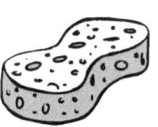

sapɔ

....

ئیسفەنج

aduane yam fidie

....

تێکەڵکەر

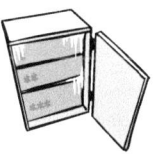

friza nini

....

قەرەسی

toa a abɔdoma nom ano

....

شووشە شیر

paipo

....

شێری ئاو

adwareɛ

حەمام، ئاودەستخانە

ɔhyewbɔ
زۆپا/گەرمکەر
bɔɔloba
خاولی
hyawa
دووشی ئاو، خورژم
ntoma etwa hyawa mu
پەردەی حەمام
ahuro a yɛdware mu
کەفی حەمام
pan a yɛdware mu
حەوزی حەمام
glase
لیوان، پەرداخ
afidie a esi nnɛma
ئامێری دەفرشوتن
paipo
شێری ئاو
tiailse
کاشی
kuraba
ئاودەستی منداڵان
sink
دەسشۆر

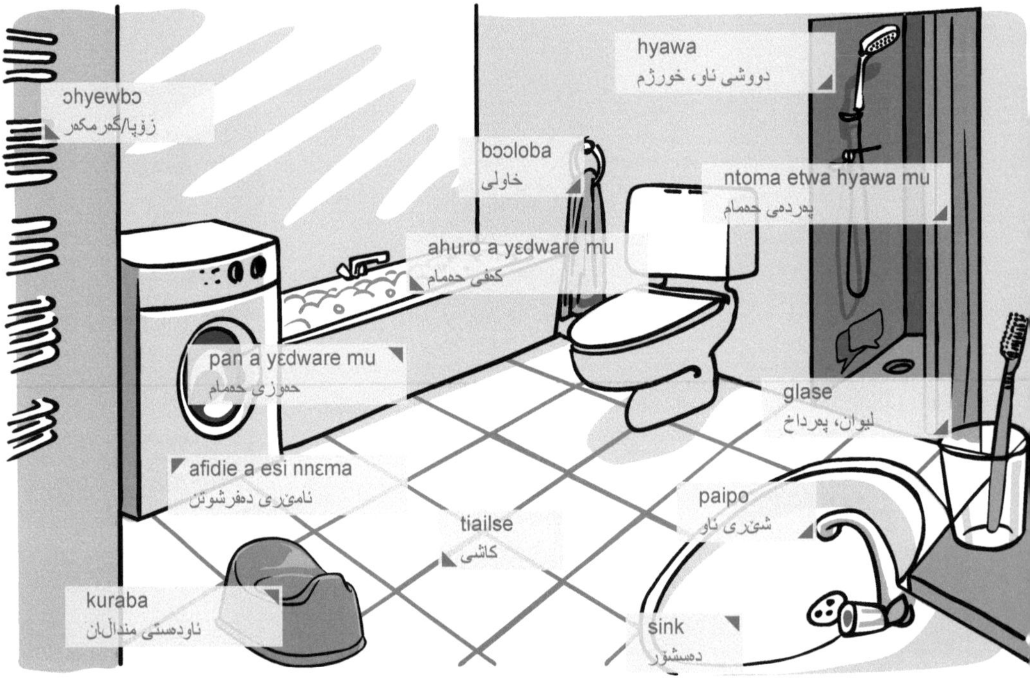

teɛfi

ئاودەست، توالێت

teɛfi a yɛ koto so

توالێتی نزم، ئاودەست

bidet teɛfi

جۆرێک توالێت

dwonsɔ dan

توالێت، ئاودەست

teɛfi so krataa

کاغەزی ئاودەستخانە

teɛfi so brɔhye

فڵچەی ئاودەستخانە

brɔhye a yɛde twitwiri see

فڵچەی ددان

aduro a yɛde twitwiri see

خەمیری ددان

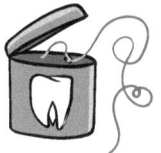

yɛde yiyi ɛsee mu

بەنی ددان

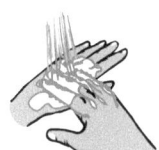

si

شۆردن، شوتن

hyawa a yɛsɔ mu

خورژمی دەستی

paipo a yɛde hohoro ananmu

دووش

bokiti

کاسەی دەستوچاوشوتن

brɔhye a wode dware w'akyi

فڵچەی پشت

samena

سابوون

hyawa samena

جێڵی خۆشوتن

nsuo samena

شامپۆ

flanɛl ntoma

فلانێل

baabi a nsu fa pue

ئاوەڕۆ

nku

کرێم

yɛde fefa amotoamu

بۆنخۆشکەرە

ahwehwɛ

ئاوێنە

ahwehwɛ a yɛsɔ mu

ئاوێنەی دەستی

bled

مەکینەی ڕیش تاشین

ahuro a yɛde yi nwi

سابوونی ڕیش تاشین

aduro a yɛde fefa baabi a wo ayi nwi

کرێمی دوای ڕیش تاشین

afen

شانە

brɔhye

فڵچە

afidie a ɛwo nwi

سێشوار، سەرئیشککەرەوە

enwi sopre

سپرەی قژ

pɔns

سووراوسپیاو

lipstike

سووراو

penti a yɛde mɔreɛ so

ڕەنگی نینۆک

asaawa

لۆکە

apasoɔ a etwa mmɔreɛ

مەقەستی نینۆک

aduhwam

عەتر

adwareɛ baage

....

کیسەی حەمام

edwa

....

کورسی بێ پشت

skele

....

پێوەر

adwereɛ ataadeɛ

....

خاولی حەمام

rɔba a yɛde hyɛ nsa ho

....

دەستەوانەی چەرم

tampon

....

تامپۆن

abɛɛfo amonsen

....

خاولی خاوێنکردنەوە

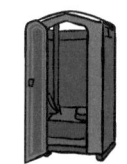

teɛfi a aduro gum

....

ئاودەستی کیمیایی

nkwadaa dan mu
ژووری منداڵ

klɔk a ɛbɔ nkaeɛ
سەعاتی زەنگدار
kyoobi
گەمەی شیرن
toi kaa
ماشێنی یاری
akasaa
شەقشەقەی منداڵ
broniba dan

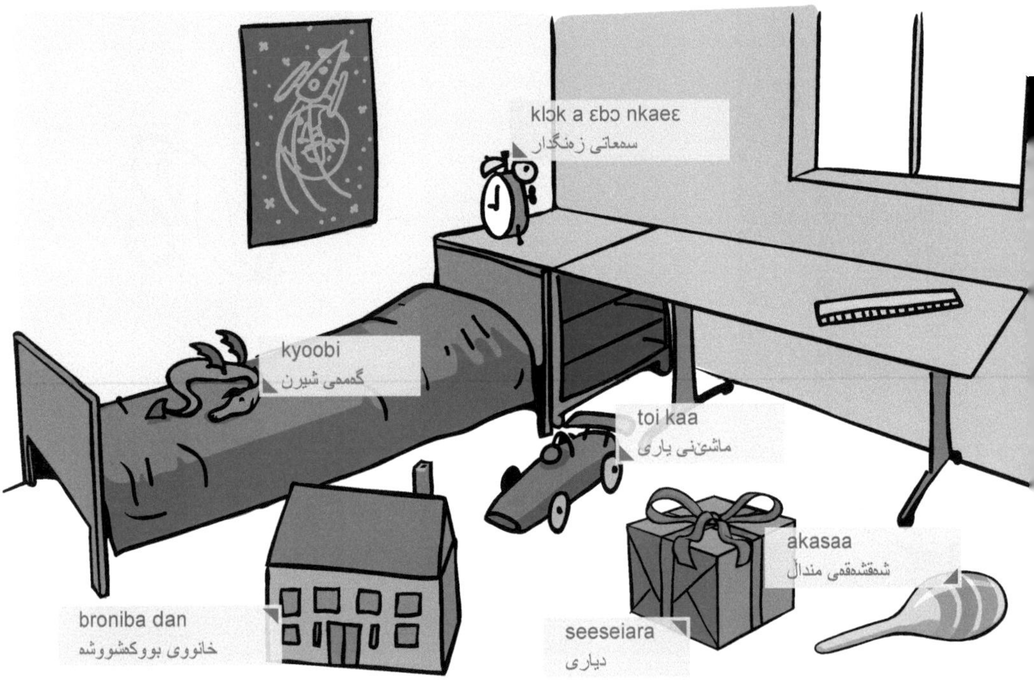

baaluu
بالۆن

mpa
پێخەف، نوێن

nkwadaa kaa
داشقەی منداڵ

sopaa
گەمەی کارت

gyiksɔɔ
مەتەڵ، مەتەڵۆک

nsɛnkwa
کۆمێدی

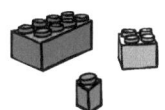

lego blɔg

خشتی لێگۆ

blɔg a yɛde si dan

خشتی یاری

nnipa ɔbɔhye

بووکە شووشە

abɔdoma ataadeɛ

جلی منداڵ

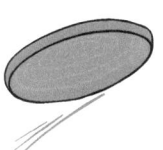

frisbee

یاری فریزبی

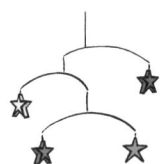

mobail

بزۆک، جووڵێنراو

ponoso agodie

یاری تەختە

daahye

مۆرە

nkwadaa keteke

مۆدێلی شەمەندەفەر

koliko

مەمکە مژە

apontoɔ

میوانی، جەژن

nfonin nwoma

کتێبی وێنەدار

bɔɔlo

تۆپ

broniba

بووکەشووشە

di agorɔ

کایە کردن، یاری کردن

anwea adaka

قۆرتی خیزوخۆڵ

adonko

جۆلانە

tois

کایەی منداڵان، یاری منداڵان

video agodie apaawa

گەمەی ویدیۆیی

sakre a ne nan meɛnsa

سێچەرخە

kyoobi

ورچی یاری

wɔdropo

کەنتۆر

ntaadeɛ

جلوبەرگ

sɔks

گۆرەوی

stokens

گۆرەوی درێژ

sekentait

گورەوی درێژ

duku

kyinieɛ
چەتر

t-hyɛɛt
کراس

bɛlɛte
قایش، پشتێن

mpaboa

kamboo

kyalewate

asopatre

پاپوچ

mpoboa

کەوش، پێڵاو

rɔba mpaboa

چەکمەی چەرم

ɛtam

پانتۆڵی ژێرەوە

bra

ستیان، سوخمە

singlɛte

جلیسقە

nipadua

....

جەستە، لەش

trɔsa

....

پانتۆڵ

gyins

....

پانتۆڵ

sekɛɛt

....

دامەن، تەنوورە

ɛsoro ataadeɛ

....

کراس

hyɛɛte

....

کراس

nkatoho a ɛko awɔ

....

بلووز

hoodie

....

بلووز

koot

....

چاکەت

nkatasoɔ

....

چاکەت

nkatasoɔ

....

باڵتە

nsutɔ mu nkataho

....

بارانی

dwumadie bi ho ataadeɛ

....

پۆشاک

mmaa atadeɛ

....

کراسی ژنانە

ayefrɔ ataadeɛ

....

جلی زەماوەند

kootu

....

چاکەت و پانتۆڵ

mmaa ataadeɛ a yɛde da

....

جلی خەو

pigyamas ataadeɛ

....

جلی خەو

sari

....

ساری

duku

....

لەچکە

abotire

....

جەمەدانە، سەرپێچ

burka

....

بۆرکا

kaftan

....

کەفتان

nkramofoɔ mmaa atadeɛ

....

عەبا

ataadeɛ a yɛde dware nsuo

....

جل و بەرگی مەلەکردن

asenemu ataadeɛ

....

پانتۆڵی مەلە

nika

....

پانتۆڵی کورت

agokansie ntaadeɛ

....

جلوبەرگی ڕاهێنان

akatasoɔ

....

بەروانکە، بەرکوشە

nsa nkataho

....

دەستەوانە

bɔtom

دوگمە

sopɛɛse

چاویلکە

ahwneɛ

بازنە

komadeɛ

ملوانکە

kawa

ئەنگوستیلە

asomadeɛ

گوارە

ɛkyɛ

کڵاو

yɛde koot sɛn so

داری جل هەڵواسین

ɛkyɛ

کڵاو

abɔmene mu

بۆینباخ

zip

زیپ

ɛkyɛ denden

کڵاوی پارێزەر

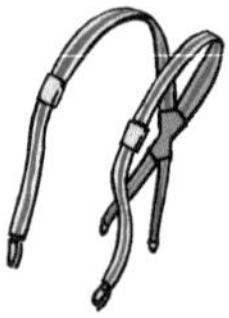

bresis

هەڵگر

sukuu ataadeɛ

جلی قوتابخانە

adwuma ataadeɛ

یەکپۆش

mmɔfra bib

بەرلیکە، بەرکۆشی منداڵ

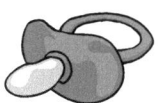

koliko

مەمکە مژە

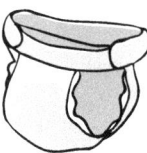

nkwadaa napken

دایبی، پەڕۆشۆر

asoeɛ

نووسینگە، فەرمانگە

sɛɛva
kabenɛt
printa
چاپکەر
krataa
کاغەز
monita
مۆنیتۆر، پیشانگەر
ɛpono a yɛyɛ so adwuma
مێزی نووسین
Maws
ماوس
nhyemu
بۆخچە
ntwerɛeɛ pono
تەختەکلیل
ɛn a yɛde krataa nwura gu mu
سەبەتەی
komputa
کۆمپیوتەر
akonwa
کورسی

kɔfe kuruwa

کۆپی قاوە

akontabuo fidie

ژمێرەر

intanɛt

ئینتەرنێت

laptop

لەپتۆپ

lɛta

نامە

nkratoɔ

پەیام

mobail kasafidie

مۆبایل، تەلەفۆنی دەست

nɛtwɛke

تۆڕ

fotokɔpi

ئامێری لەبەرگرتنەوە، کۆپیکەر

softwɛɛ

نەرمەکالا

tetefon

تەلەفۆن

sɔkɛt

ساکێتی دووشاخە

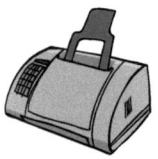

faks afidie

ئامێری فەکس

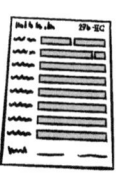

katraa

فۆرم

nkrataa

بەڵگە

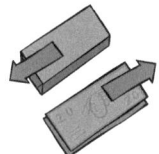

tɔ

....

کڕین

tua

....

پارەدان

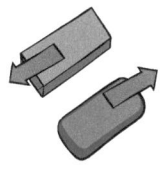

di dwa

....

بازرگانی، ئاڵوگۆڕکردن

sika

....

پارە، دراو

dollar

....

دۆلار

euro

....

یۆرۆ

yen

....

یەن

rubel

....

ڕوبڵی ڕووسی

Swiss franks

....

فرانکی سویسی

renminbi yuan

....

یوان، یەکەی دراوی چینی

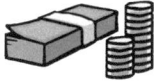

rupii

....

ڕووپییە

baabi yɛtua sika

....

مەکینەی پارە

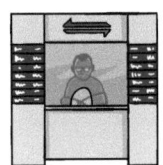

baabi a yɛ sesa sika

نووسینگەی گۆڕینەوەی دراو

sika kɔkɔɔ

زێڕ

dwetɛ

زیو

now

نەوت

ahoɔden

وزە

ne boɔ

بەها، نرخ

kontragye

ڕێکەوتننامە

ɛtoɔ

باج

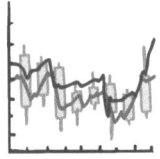

stɔk

سەهام

adwuma

کارکردن

adwumayɛni

کارمەند، کارکەر

adwumawura

خاوەنکار

mfididwuma mu

کارخانە

sotɔɔ

دووکان

nwuma ahodoɔ

ئیشەکان

polisini
فەرمانبەری پولیس
odumgya adwumayɛni
ئاگرکووژێنەر
kuku
dɔkota
دکتۆر
obi a otwi wiemhyɛn
فڕۆکەوان

ɔyɛ afuo
....
باخەوان

dua dwomfoɔ
....
دارتاش، مەرەنگۆیز

adepani baa
....
خەییات

atɛnmuafoɔ
....
دادوەر

ɔtɔn nnuro
....
کیمیازان

sini yɛfoɔ
....
شانۆگەر، شانۆکار

bɔs drɔba
....
شۆفیری پاس

taisi drɔba
....
شۆفیر تاکسی

ɔpofoɔ
....
ماسیگر

ɔbaa a osiesie fie
....
کڵفەت

ɔbɔdanso
....
وەستای سەربان

ɔsom adidieɛ
....
خزمەتکار

bɔmɔfoɔ
....
ڕاوچی

penta
....
بۆیاخچی

ɔto paano
....
نانکەر

ɔyɛ nkaneɛ ho adwuma
....
کارەباچی

ɔdansifoɔ
....
بەننا

inginia
....
ئەندازیار

ɔdwa nam
....
قەساب

plɔmba
....
وەستای بۆری

krataa manefoɔ
....
پۆستەچی

sogyani

....

سەرباز

ɔdwi adan

....

نەخشەکێش

ɔgyegye sika

....

ژمێریار، خەزەندار

ɔtɔn nhwiren

....

گوڵفرۆش

ɔyɛ tire

....

ئارایشگەر

meeti

....

گەیێنەر

fitani

....

میکانیک

nnipa a otwi suhyɛn

....

کەشتیوان

ɛsee dɔkota

....

ددانساز، دوکتوری ددان

abɔdeɛ mu nimdefoɔ

....

زانا

rabi

....

مەلای جوولەکان

kramo panin

....

ئیمام

ɔsɔfo

....

کەسی ئایینی

osɔfo

....

قەشە

anwenade

ئامراز و كەرەستە

playa
پلایز
hama
چەکووش
skrudrɔba
پێچبادەر
abɛɛfo tɛnee
مەشخەڵ
sopana
جەڕەبادەر

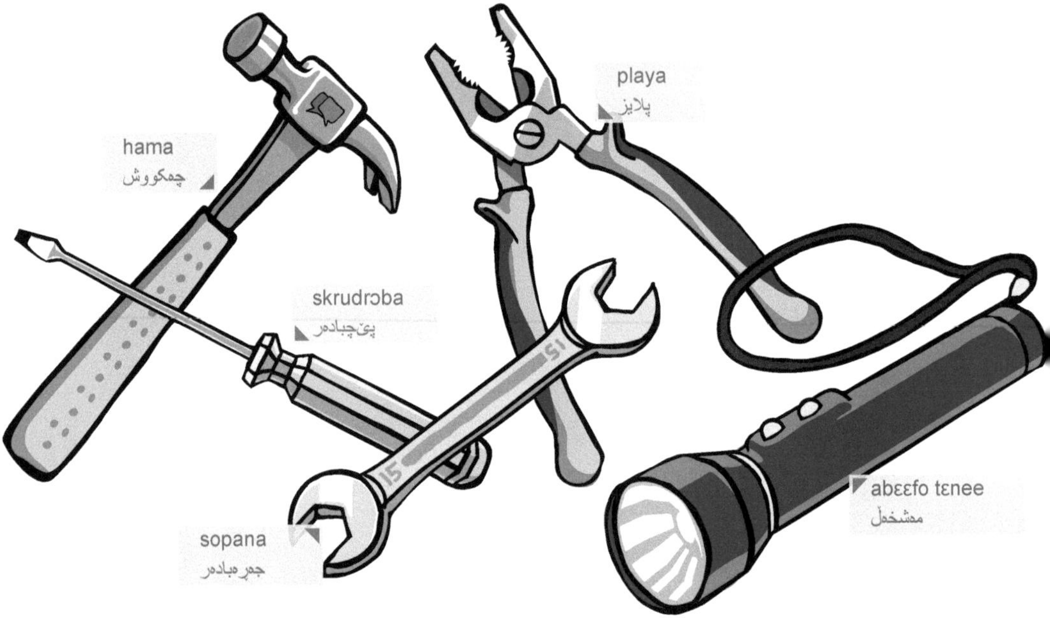

otu amena

شۆفڵ

anwenade adaka

سندووقی ئامراز

atwedeɛ

پەیژە

asradaa

مشار

nnadewa

بزمارەکان

afidie a yɛde bɔne tokro

کونکەرە

siesie

چاککردنەوە

sofi

پێمەڕە

Ebei!

نەفرەت!

asanwura

خاکەناز

penti kukuo

قتووی بۆیاخ

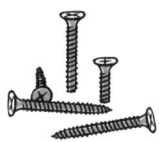

skruu

پێچەکان، جەڕەکان

nneɛma a yɛde bɔ nwom

ئامێرەکانی مووزیک

msopika a anoyɛden
قسەکەر، بڵندگۆ
nneama a yɛde bɔ ntwene
تاقمی تەپڵ
dwitae
گیتار
bass dwitae kɛseɛ
جۆرێ گیتار
زورنا

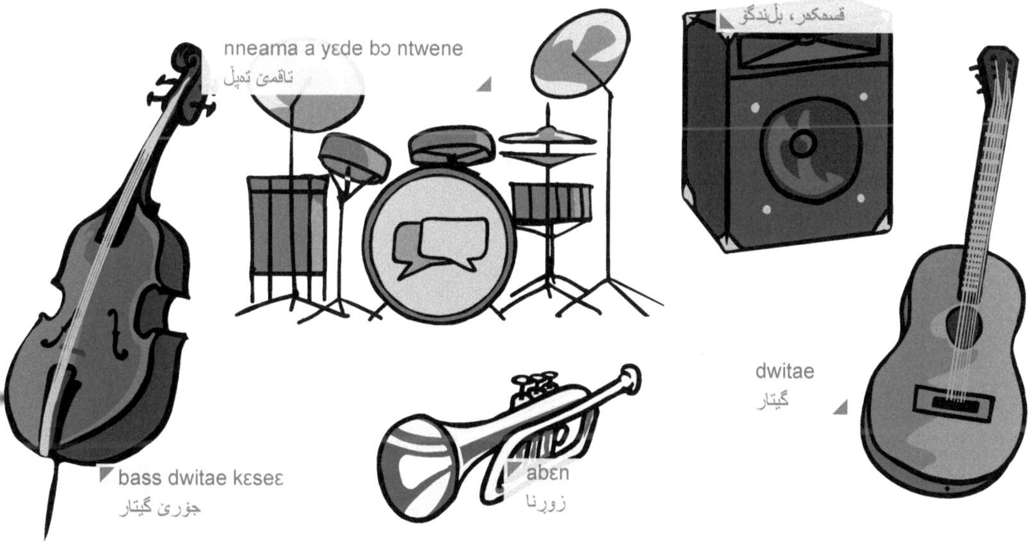

sankuo

پیانۆ

ahoma sankuo

کەمانچە

bass dwitae

گیتار

atumpan

دەهۆڵ

ntwene

تەپڵ

ntwerɛeɛ apa

تەختەکلیل

saksofon

ساکسافۆن

atentenbɛn

فلووت، شمشاڵ

maikrofon

مایکرۆفۆن

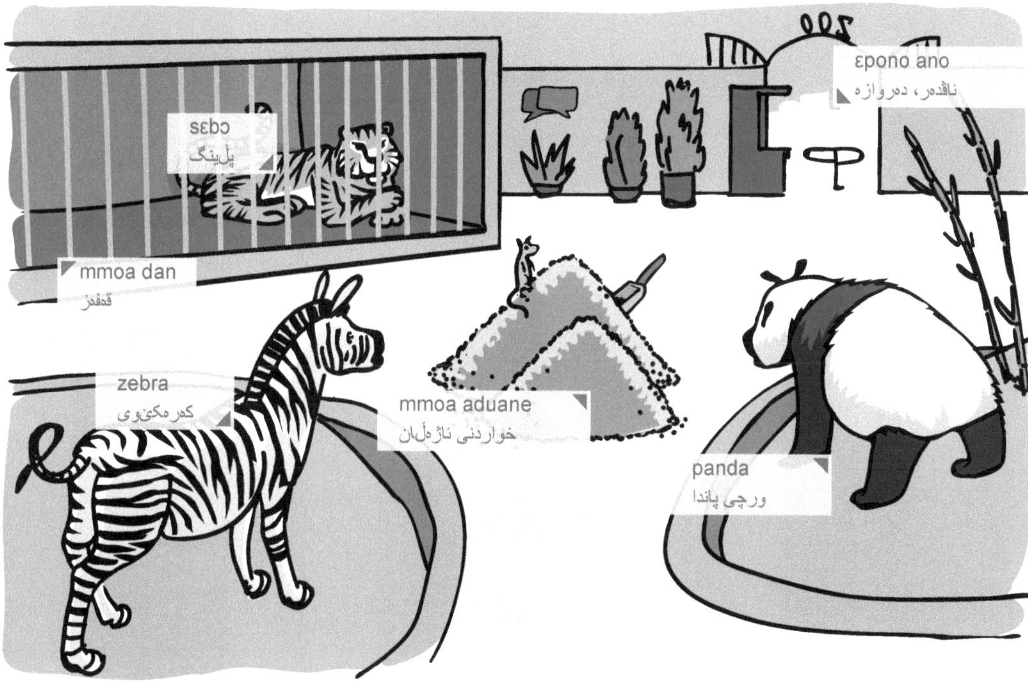

باخچەی ئاژەڵان

پڵینگ
ɛpono ano
ئاڤدەر، دەروازە
mmoa dan
قەفەز
zebra
کەرەکێوی
mmoa aduane
خواردنی ئاژەڵان
panda
ورچی پاندا

mmoa

ئاژەڵەکان

ɔsono

فیل

kangaru

کانگۆرۆ

raino

کەرکەدەن

akatea

گۆریلا

sisire

ورچ

afunupɔnkɔ
....
وشتر

sohori
....
وشترمریشک

gyata
....
شێر

adwee
....
مەیموون

flamingo
....
فڵامینگۆ

ako
....
تووتی

awɔ mu sisire
....
ورچی جەمسەری

penguin
....
پێنگوین

oboodede
....
قرش، سەگەماسی

akɔkonini abankwa
....
تاووس

wɔwɔ
....
مار

dɛnkyɛm
....
تیمساح

nnipa ɛhwɛ zoo so
....
پارێزەری باخچەی ئاژەڵان

nsuo mu gyata
....
سەگی دەریایی

sebɔ
....
پڵینگ

pɔnkɔ ba

....

ئەسپی قەزەم

etwie

....

پشیلەی پڵینگی

susuono

....

ئەسپی ئاوی

kɔntenten

....

زەرافە

ɔkɔdeɛ

....

هەڵۆ

kɔkɔte

....

بەرازی کێوی

apataa

....

ماسی

sudandan

....

کیسەڵ

walrus

....

واڵڕاس، ئاژەڵێکی دەریایی

sakraman

....

ڕێوی

ɔtwee

....

ئاسک

agokansie

وەرزش

Amerikafoɔ futbɔɔlo
تۆپی پێی ئەمریکی
skre twie
دووچەرخەی خوڕین
tennis
تێنیس
basketbɔɔlo
تۆپی باسکە
nsuom adwareɛ
مەلەکردن
akutruku
بۆکسێن
asukɔkyea so hɔki
هۆکی سەر سەهۆڵ

futbɔl

فووتبۆڵ

badmintin

بەدمینتۆن

mirikatuo

وەرزشوان

bɔɔlo a yɛde nsa bɔ

هەندباڵ

skii

خلیسکێن

polo

پۆلۆ

nwumadie

چالاکیەکان

sere
پێکەنین
huri
بازکردن
bam
لەباوەشگرتن، لەئامێزگرتن
nante
بەڕێداڕۆیشتن، پیاسەکردن
to dwom
گۆرانی خوێندن
so daeɛ
خەون دیتن، خەون بینین
bɔ mpaeɛ
پاڕانەوە، نوێژکردن
fe ano
ماچکردن

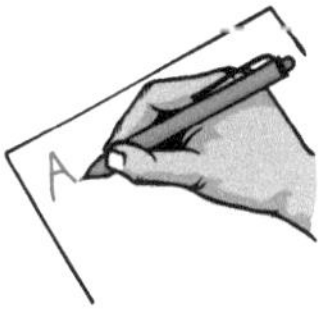

twerɛ

نووسین

dwi

وێنەکێشان

kyerɛ

نیشاندان

pia

پاڵ پێوەنان

ma

دان

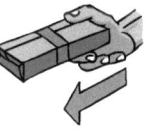

fa

هەڵگرتن

nya

هەبوون

yɛ

کردن

yɛ

بوون

gyina

ڕاوەستان

tu mirika

هەڵاتن

twe

کێشان

to

هاویشتن

tɔ fam

کەوتن

da hɔ

درۆکردن

twɛn

چاوەڕێبوون

soa

هەڵگرتن

tenase

دانیشتن

hyɛ ataadeɛ

جل لەبەرکردن

da

خەوتن

nyane

لەخەوهەستان

hwɛ

چاولێکردن

su

گریان

san ho

جەڵتەلێدان

nunum

قژداهێنان، شانەکردن

kasa

قسەکردن

te aseɛ

تێگەیشتن

bisa

پرسیارکردن، پرسین

tie

گوێڕاگرتن

nom

خواردنەوە

didi

خواردن

yɛ nsiesie

ڕێکوپێک کردن

ɔdɔ

خۆشویستن

noa

چێش لێنان

twi

شۆفێریکردن

tu

فڕین

fa nsuo so

....

کەشتیوانی

sese

....

حساب‌کردن، ژماردن

kenkan

....

خوێندنەوە

sua

....

فێربوون

adwuma

....

کارکردن

ware

....

زەماوەندکردن

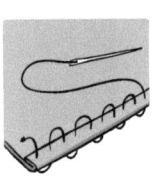

pam

....

دورین، دورومانکردن

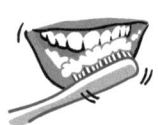

twitwiri wo se

....

فڵچە لەددان دان

kum

....

کوشتن

nom gyɔt

....

جگەرەکێشان

mane

....

ناردن

abusua

بنەماڵە

nana baa
دایەگەورە
nana barima
باوەگەورە
papa
باوک، باب
maame
دایک
abɔdoma
منداڵی ساوا
ba baa
کچ
ba barima
کوڕ

ɔhɔhoɔ

میوان

sewaa

پوور

wɔfa

مام، خاڵ

nua barima

برا

nua baa

خوشک

nipadua

جەستە، لەش

moma
ناوچاوان، توێڵ
ani
چاو
abɛtire
شان
nsatea
قامک
anim
دەموچاو، ڕوومەت
apantan
چەنە
nsa
دەست
ɛnan
لاق
سنگ
nsa
باسک، قۆڵ

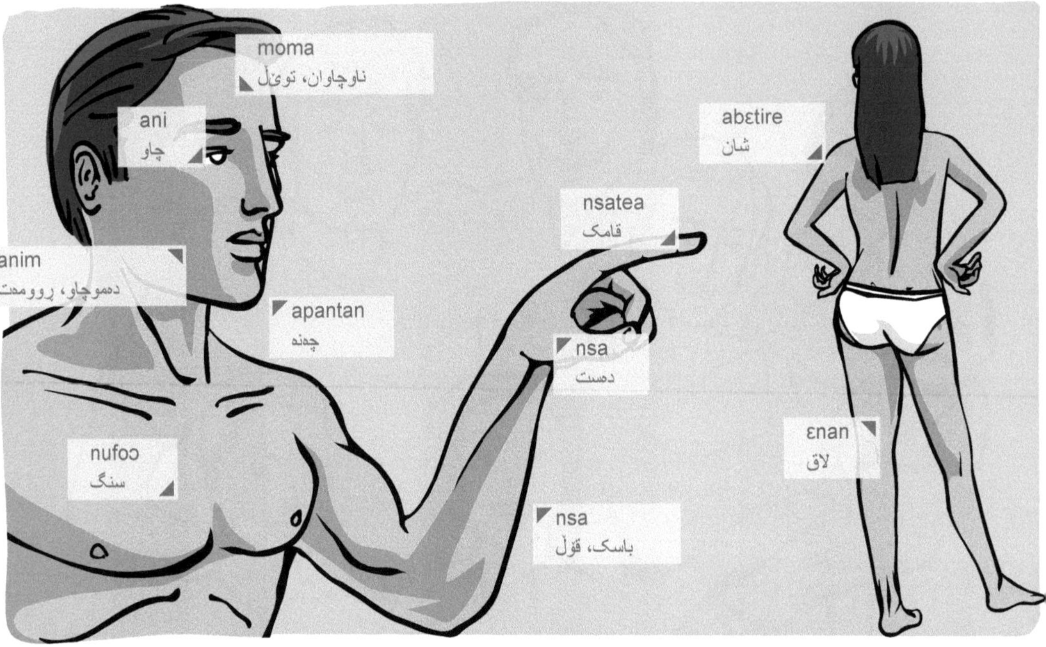

abɔdoma
....
منداڵی ساوا

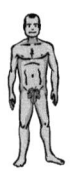

barima
....
پیاو

ɔbaa
....
ژن

abayewa
....
کچ

abarimawa
....
کوڕ

etire
....
سەر

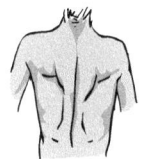

akyi

پشت

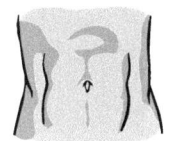

afro

زگ

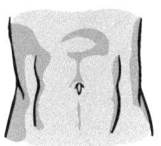

fruma

ناوک

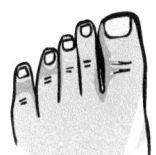

nansoa

قامکی پێ

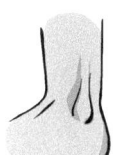

nantini

پاژنەی پێ

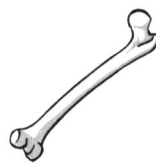

dompe

ئێسقان، ئێسک

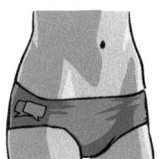

ataasoɔ

سمت

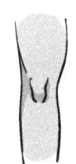

kotodwe

ئەژنۆ

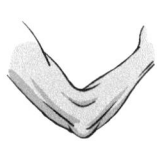

abatwɛ

ئانیشک

ɛhwene

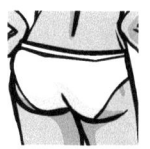

لووت

ɛtoɔ

قوون

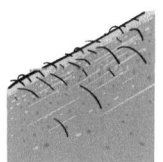

wedeɛ

پێست

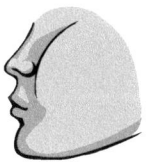

afono

گوپ

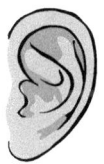

aso

گوێ

ano

لێو

anom

دەم، زار

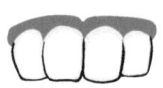

ɛsee

ددان

tɛkyerɛma

زمان

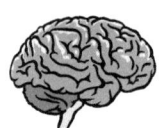

adwene

مێشک

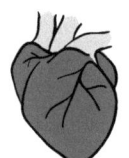

akoma

دڵ

ntini

ماسوولکە

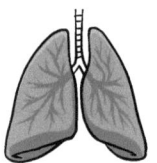

aharawa

سیپەلاک، سی

brɛboɔ

جەرگ

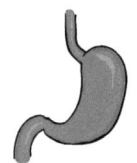

yafunu

گەدە

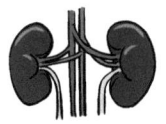

asaa

گورچیلە

nna

سێکس

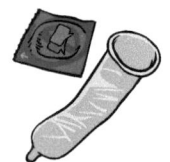

kɔndɔm

کۆندۆم

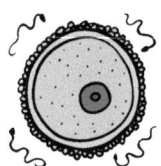

ɔbaa nkosua

توو، گەرا

barima ho nsuo

تۆو

nyinsɛn

دووگیانی

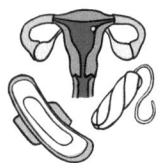

nsabuo

....

کەوتنە سەر خوێن

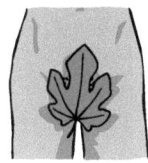

ɛtwɛ

....

زێ

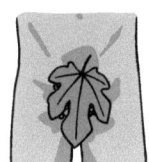

kɔteɛ

....

کێر

anintɔn

....

برۆ

enwin

....

قژ

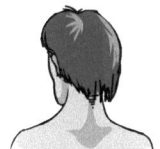

ɛkɔn

....

مل

ayaresabea

نەخۆشخانە، خەستەخانە

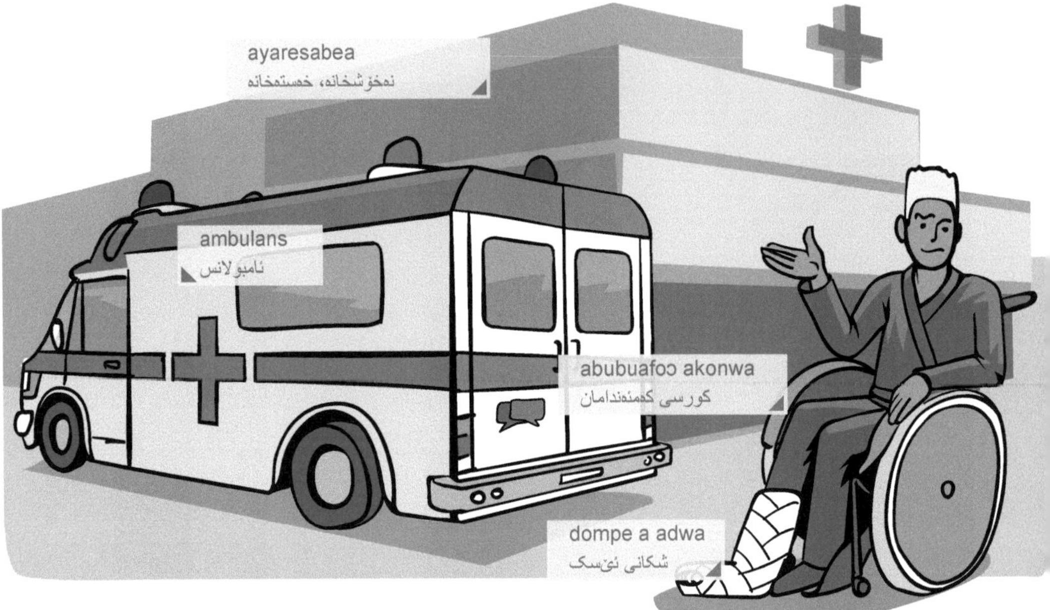

ambulans
ئامبولانس
abubuafoɔ akonwa
کورسی کەمئەندامان
dompe a adwa
شکانی ئێسک

dɔkota

دکتۆر

ɛdan a wɔde putupru nsɛm kɔmu

ژووری فریاکەوتن

nɛɛse

نەخۆشوان

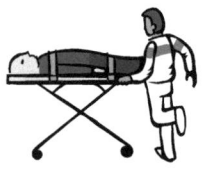

putupru

ئورژانس، بەشی فریاکەوتن

wɔ atwa ahwe

بێهۆش

yea

ژان، ئێش

epira

....

بریندارى

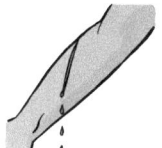

mogyatuo

....

خوێنڕێژى

akoma yarenini

....

جەڵتەى دڵ

stroke yareɛ

....

جەڵتە

allegyi

....

ئالێرژى، هەستيارى

ɛwa

....

کۆخە

ahoɔhyeɛ

....

تا

papu

....

ئەنفلۆنزا

ayamtuo

....

زگچوون

tipaeɛ

....

سەرێشە، ژانەسەر

kokoram

....

سەرەتان

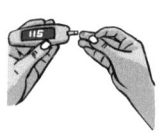

asikyire yareɛ

....

شەکرە

dɔkota a ɛyɛ oprehyɛn

....

نەشتەرگەر

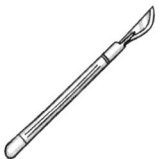

skapɛl sekan

....

نەشتەر، چەقۆى تويکارى

aprehyɛn

....

نەشتەرگەرى

CT

CT

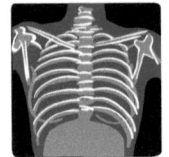

x-ray

تیشکی ئێکس

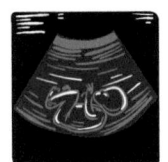

ultrasound

ئوڵتراساوند

nkatanim

ماسکی ڕوومەت

yareɛ

نەخۆشی

ɛdan a wɔ twɛn mu

ژووری چاوەڕێبوون

krɔhyes

گۆچان

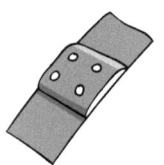

plasta

مشەما

banege

برین پێچ

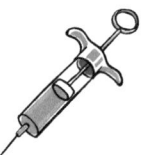

paneɛ

دەرزی لێدان

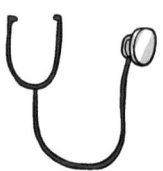

Stetoskop

بیستۆکی پزیشک

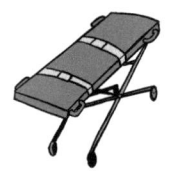

ahomankaa

داربەست

afidie a esusu ahɔhyeɛ

گەرماپێوی کلینیکی

awoɔ

لەدایکبوون

kɛseɛ mmorosoɔ

زیادەکێشد/قەڵەویی

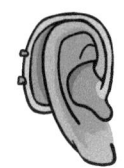

afidie a ɛboa asɛmtie

بیستۆک

aduro a ekum mmoawa

میکرۆبکوژ

yareɛ a mmoawa deba

چڵک

vaarɔs

ویروس

HIV / AIDS

ئەیدز

aduro

دەرمان

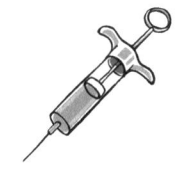

aduro a esi yareɛ ano

کوتان

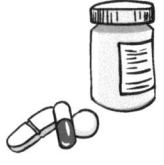

aduro tablɛte

حەب

topaeɛ

حەب

ɔfrɛ wɔ putupru so

تەلەفۆنی فریاکەوتن

afidie a esusu mogya mmrosoɔ

پیشانگەری پەستانی خوێن

yareɛ / apomuden

نەخۆش / سڵامەت

putupru

ئورژانس، بەشی فریاکەوتن

Boa me!

یارمەتی!

kɔkɔbɔ

ئاگادارکردنەوە، ئەلارم

ɛborɔ

دەستدرێژی

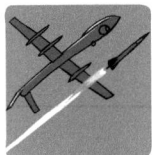

ato ahyɛ obi so

هێرشکردن

ɛyɛ hu

مەترسی

baabi a yɛfa de pue putupru so

چوونەدەرەوەی ئورژانس

Ogya!

ئاگر!

afidie a yɛde dumgya

ئاگرکوژێنەوە

nkwanhyia

ڕووداو، پێشهات

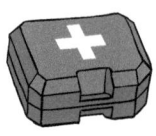

nneɛma yɛde sɔ yareɛ ano

قوتووی یارمەتی فریاکەوتن

SOS

SOS

polisi

پولیس

Ewiase

ئەرز، زەوی

Yuropo

....

ئەورۆپا

Amerika atifi

....

ئەمریکای باکوور

Amerika ananfoɔ

....

ئەمریکاری باشوور

Abiberm

....

ئافریقا

Asia

....

ئاسیا

Australia

....

ئوسترالیا

Atlantik

....

ئەتڵەسی، ئۆقیانووسی ئەتڵەسی

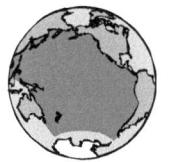

Pasifek

....

زەریای هێمن

India po kɛseɛ

....

ئۆقیانووسی هیندی

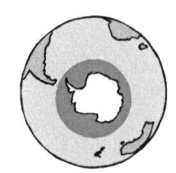

Antaatek po keseɛ

....

ئۆقیانووسی جەمسەری باشوور

Aatek po kɛseɛ

....

ئۆقیانووسی جەمسەری باکوور

Ewiase atifi

....

جەمسەری باکوور

Ewiase anaafoɔ

....

جەمسەری باشوور

Antaatek

....

ناوچەی جەمسەری باشوور

Ewiase

....

ئەرز، زەوی

asaase

....

خاک، وشکانی

ɛpo

....

دەریا، زەریا

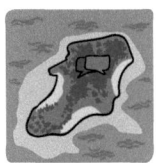

supɔ

....

دوورگە

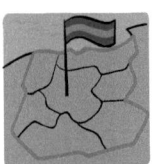

ɔman

....

گەل، نەتەوە

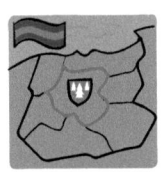

ɔman

....

وڵات، پارێزگا، دەوڵەت

klɔko

کاتژمێر

klɔko no anim

....

روخساری کاتژمێر

dɔnhwere nsa no

....

نیشاندەری کاتژمێر

sima nsa

....

نیشاندەری خولەک

anitɛtɛ nsa no

....

دەستی دوو

Abɔ sɛn?

....

کاتژمێر چەندە؟، سەعات چەندە؟

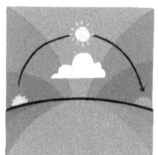

da

....

ڕۆژ

berɛ

....

کات، زەمان

seeseiara

....

ئێستا، هەنووکە

wkye a nɔma wɔ so

....

کاتژمێری دیجیتاڵی

sima

....

خولەک

dɔnhwere

....

کاتژمێر

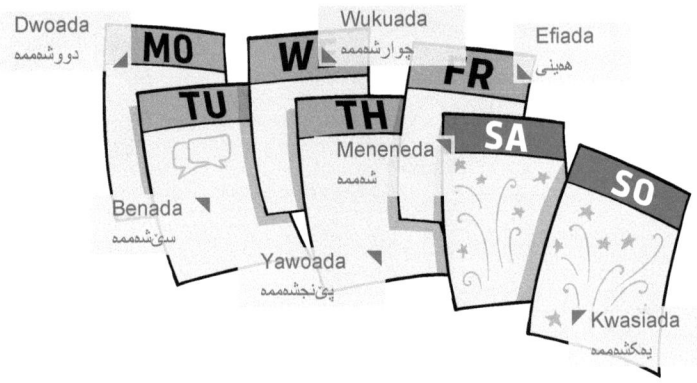

nnawɔtwe

هەفتە

Dwoada
دووشەممە
Wukuada
چوارشەممە
Efiada
هەینی
FR
TU
TH
Meneneda
شەممە
SA
SO
Benada
سێشەممە
Yawoada
پێنجشەممە
Kwasiada
یەکشەممە

ɛnora

دوێنێ

ɛnora

ئەمڕۆ ، ئەوڕۆ

ɔkyina

سبەینێ

anɔpa

بەیانی

prɛmtobrɛ

نیوەڕۆ

anwumerɛ

ئێوارە

adwuma nna

ڕۆژی کار

nnawɔtwe awieɛ

کۆتایی هەفتە

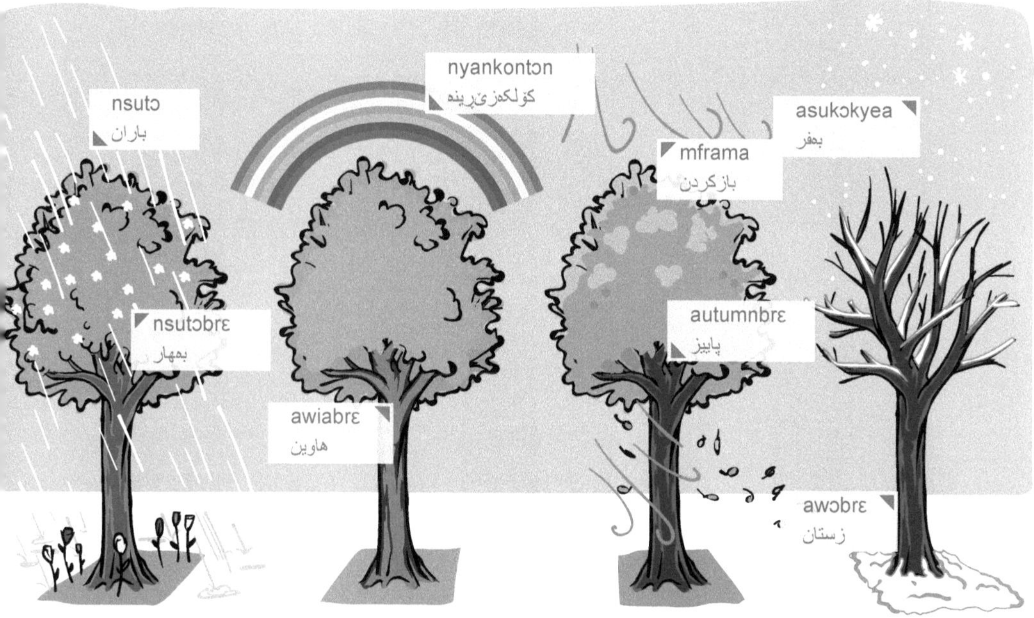

nyankontɔn
کۆلکەزێرینە

nsutɔ
باران

asukɔkyea
بەفر

mframa
بازکردن

nsutobrɛ
بەهار

autumnbrɛ
پاییز

awiabrɛ
هاوین

awɔbrɛ
زستان

4.APRIL	11°	☀
5.APRIL	4°	⛅
6.APRIL	13°	☔
7.APRIL	8°	❄
8.APRIL	10°	☀

ewiem nsakrɛɛɛ

پێشبینی هەوا

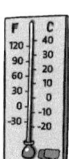

afidie a esusu ade ho hyeɛ

گەرماپێو

awiabɔ

خۆرەتاو

munukum

هەور

ɛbɔ

تەمومژ

ewiem nsuo

تەڕایی

ayerɛmo

....

هەورەتریشقە، برووسکە

apranaa

....

هەورەگرمە

ehum

....

باوبۆران، تۆفان

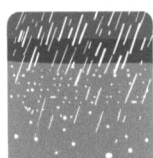

asukɔkyea

....

تەرزە

monsoonbrɛ

....

مانسوون

nsuyiri

....

لافاو

aise

....

سەهۆڵ

ɔpɛpɔn

....

جانیوەری

ɔgyefoɔ

....

فێبریوەری

ɔbɛnem

....

مارچ

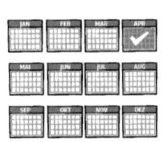

Oforisuo

....

ئەیپریل

Kotonimaa

....

مەی

Ayɛwohomumu

....

جوون

Kitawonsa

....

جوولای

ɔsanaa

....

ئۆگۆست

ɛbɔ

سێپتەمبەر

Ahinime

ئۆکتۆبەر

Obubuo

نۆڤەمبەر

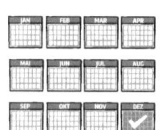

ɔpɛnimaa

دیسەمبەر

abosuo

شێوەکان

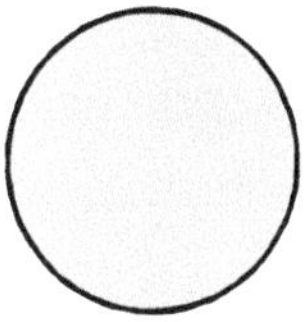

kanko

بازنە

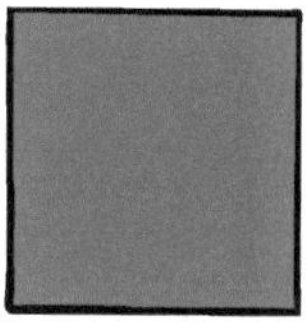

sokwɛɛ

چوارگۆشە

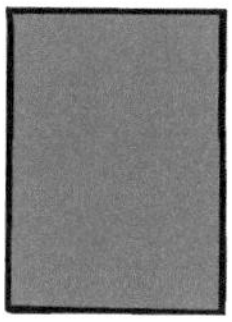

rɛktangel

چوارگۆشەی درێژ

triangel

سێگۆشە

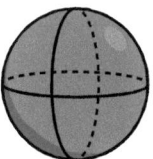

krukruwa

تۆپ، گۆ

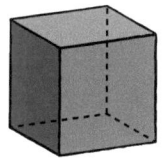

adaka

خشتەک

ahosoɔ

ڕەنگەکان

fitaa

سپی

akokɔ sradeɛ

زەرد

ankaa

پرتەقاڵیی

pink

پەمەیی

kɔkɔɔ

سوور

pɛpol

بنەوش

bruu

شین

ahaban mono

سەوز

braun

قاوەیی

nson

بۆر

tuntum

ڕەش

abirabɔ

دژبەرەکان

pii / ketewa

زۆر / کەم

wo boafu / wɔ adwo

تووڕە / لەسەرەخۆ

ɛyɛ fɛ / ɛyɛ tan

جوان / ناحەز

ahyɛseɛ / awieɛ

سەرەتا / کۆتایی

kɛseɛ / esua

گەورە / چکۆلە

ɛha / esum

ڕووناک / تاریک

nuabarima / nuabaa

برا / خوشک

ɛho te / ayɛ fin

خاوێن / چڵکن

awie / enwieɛ

تەواو / ناتەواو

awia / anadwo

ڕۆژ / شەو

awu / ɛte ase

مردوو / زیندوو

emubae / ɛyɛ tea

پان / تەنگ

yɛde /yɛnni

خۆش / ناخۆش

bɔne / tema

نەگریس / بەبەزەیی

wɔ aniagye / wɔ ani nka

وروژاو / بێزار

ɔso / teatea

قەڵەو / لاواز

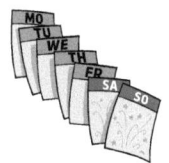

edikan / etwatoɔ

یەکەم / ئاخر

adamfoɔ / atamfo

دۆست / دوژمن

ayɛ mma / hwee nim

پڕ / خاڵی

ɛdenden / mmerɛ mmerɛ

ڕەق / نەرم

ɛyɛ duru / ɛyɛ ha

قورس / سووک

ɛkɔm / nsukɔm

برسی / توونی

yareɛ / apomuden

نەخۆش / سڵامەت

etia mmara / ɛwɔ mmara mu

نایاسایی / یاسایی

nyansa / gyimi

زیرەک / گەمژە

benkum / nifa

چەپ / ڕاست

ɛbɛn / akyire

نزیک / دوور

foforɔ / dada

نوێ / کۆن، بەکارهاتوو

hwee / biribi

هیچ شتێک / شتێک

wɔ anyini/ ɔsua

پیر / لاو

sɔ /dum

هەڵکراو / کوژاوە

bue / tom

کراوە / داخراو

dinn / dede

بێدەنگ / دەنگی بەرز

ɔdefoɔ / ohia

دەوڵەمەند / هەژار

nifa / benkum

ڕاست / هەڵە

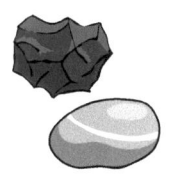

werewerɛwerewerɛ / trontron

زبر / ساف

awerɛhoɔ / anigyeɛ

خەمین / خۆشحاڵ

tietia / tenten

کورت/ درێژ

nyaa / ntɛm

هێواش / خێرا

afɔ / awɔ

تەڕ / وشک

dedɛɛdeɛɛ / adwo

گەرم / فێنک

akoo / asomdweɛ

شەڕ / ئاشتی

nɔma
ژمارەکان

0
hwee
سیفر

1
baako
یەک

2
mienu
دوو

3
meɛnsa
سێ

4
ɛnan
چوار

5
enum
پێنج

6
nsia
شەش

7
nson
حەوت

8
nwɔtwe
هەشت

9
nkron
نۆ

10
edu
دە

11
du-baako
یازدە

12

du-mienu

دوازده

13

du-meɛnsa

سێزده

14

du-nan

چوارده

15

du-num

پازده، پانزه

16

du-nsia

شازده

17

de-nson

حەڤده

18

du-nwɔtwe

هەژده

19

du-nkron

نۆزده

20

aduonu

بیست

100

ɔha

سەد

1.000

apem

هەزار

1.000.000

ɔpepem

میلیۆن

kasa ahodoɔ

زمانەکان

Brɔfo

ئینگلیزی

Amerikafoɔ Brɔfo

ئینگلیزی ئەمەریکی

Chainfoɔ Mandarin

چینی ماندارین

Hindi

هیندی

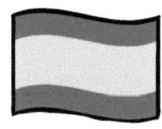

Spainfoɔ kasa

ئیسپانی

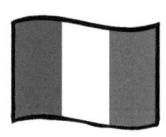

French kasa

فەرەنسی

Arabia kasa

عەرەبی

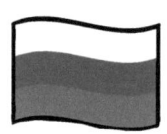

Russianfoɔ kasa

ڕووسی

Portugalfoɔ kasa

پۆرتوگالی

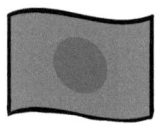

Bengali

بەنگالی

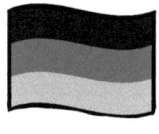

Germanfoɔ kasa

ئاڵمانی

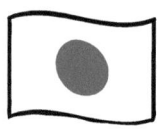

Japanfoɔ kasa

ژاپۆنی

hwan / deɛ bɛn / ɛyɛ deɛn

کێ / چی / چۆن

Me

من

wo

تۆ

ono

ئەو

yɛn

ئێمە

wo

ئێوە

ɔmmo

ئەوان

hwan?

کێ؟

deɛ bɛn?

چی؟

ɛyɛ deɛn?

چۆن؟

ehen?

لەکوێ؟

dabɛn?

کەنگێ؟ کەی؟

edin

ناو

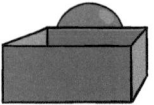

ɛhen
شوێن

akyire

لەپشت

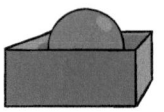

emu

لە

anim

لەپێش

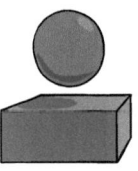

ɛsoro

سەری

ɛso

لەسەر

aseɛ

ژێر

nkyɛn

لە تەنیشت

ntɛm

لەنێوان

beaɛ

شوێن، جێ